C'ÉTOIT MOI,

COMÉDIE EN UN ACTE,

IMITÉE DE L'ALLEMAND DE KOTZEBUE;

Représentée, pour la première fois, sur le théâtre des Variétés-Étrangères, le 25 mai 1807.

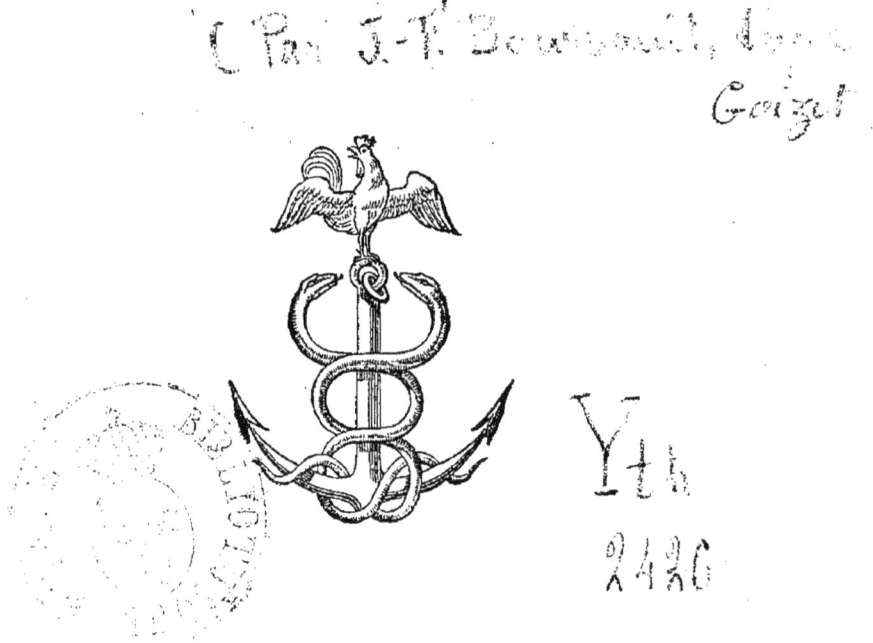

A PARIS,

CHEZ ANTOINE-AUGUSTIN RENOUARD,
RUE SAINT-ANDRÉ-DES-ARCS, n° 55.

M DCCC VII.

PERSONNAGES :

MATHURIN, fermier.
MATHURINE, sa femme.
JUSTINE, sa cousine.
BASTIEN, jardinier.
Madame BERTRAND, vieille voisine.

C'ÉTOIT MOI.

Le théâtre représente une ferme. A droite est la maison du fermier. Un escalier de bois conduit par dehors au premier étage. Sous cet escalier est une autre porte pour le rez-de-chaussée. Au pied est un banc. Vers le fond est un petit parterre garni de fleurs. Derrière le parterre il y a un grand cerisier, contre lequel une échelle est appuyée. A droite est une haie et une porte à treillage, qui ferme le potager. Plus bas est une fontaine ou un puits; auprès sont deux arrosoirs; et plus bas encore, on voit une banquette. Le fond est fermé par un mur percé d'une grande porte, au travers de laquelle on apperçoit un joli paysage. Au-dessus du mur on voit les maisons du village, et sur-tout celle de la voisine, dont la fenêtre doit être très apparente. De l'autre côté de la maison doit être placée une brouette.

SCÈNE PREMIÈRE.

JUSTINE *sort de la maison, tenant un panier à la main; elle a un petit air boudeur.*

JE n'ai plus de plaisir à rien du tout!... Que m'importe une belle matinée, si je ne puis voir naître l'aurore avec mon pauvre Bastien! que m'importe le meil-

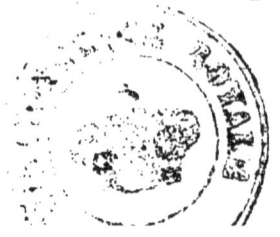

leur repas, si je ne puis le partager avec lui ! Tous les soirs mon cousin et sa femme, assis devant la porte, jouent, rient, plaisantent : assise à côté d'eux, je m'endors d'ennui, depuis que je ne puis plus jouer avec Bastien... Cela ne convient pas, dit mon méchant cousin.... et pourquoi non ?... Ne sommes-nous pas tous deux jeunes, actifs, laborieux ? que nous faut-il de plus pour être mari et femme ? Ah ! si Bastien étoit aussi vieux, aussi méchant que notre voisine qui demeure là-haut ! mais il est aussi jeune que moi, et beaucoup plus joli ; et puis il a des yeux !... Ah ! lorsque je pense à ses yeux, les miens se remplissent de larmes. (*elle s'essuie les yeux, monte sur l'échelle appuyée contre le cerisier.*)

SCÈNE II.

JUSTINE, MATHURIN. (*il descend par l'escalier, après avoir regardé dans sa chambre avec précaution, et fermé doucement la porte.*)

MATHURIN, *encore sur l'escalier.*

ELLE dort encore !... Quelle superbe matinée ! (*pendant qu'il descend, la voisine paroît à la fenêtre d'une maison, située hors de l'enceinte. Elle se retire un peu en appercevant Mathurin ; mais elle observe attentivement toute la scène qui suit.*)

MATHURIN.

Que cet air est pur et salutaire ! (*en se retournant il voit Justine.*) Ah ! bonjour, Justine.

JUSTINE, *d'un petit air mutin.*

Bonjour, mon cousin.

SCÈNE II.

MATHURIN.

Si matin à l'ouvrage ?

JUSTINE.

Sans cela, ma cousine diroit que je suis une paresseuse.

MATHURIN.

Elles ne sont pas mûres. Descends, et viens causer un instant avec moi.

JUSTINE.

Je n'ai pas le temps de causer : il faut qu'on porte demain ces cerises au marché.

MATHURIN.

Tu as un petit air fâché ; est-ce que tu m'en voudrois ?

JUSTINE.

Oui, et beaucoup même.

MATHURIN.

Ah, mon Dieu !... et pourquoi donc ?

JUSTINE.

Vous grondez toujours, lorsque....

MATHURIN.

Lorsque je rencontre Bastien avec toi, et j'ai raison. Lorsque vous êtes ensemble, rien ne se fait dans la maison ; et sitôt que tu le quittes, tu es rêveuse et muette. Cela me déplaît, parce qu'autant que M. Bastien, j'aime à causer avec toi. Allons, descends, et viens ici, ma petite amie.

JUSTINE.

Non.

MATHURIN.

Faut-il que j'aille te chercher ?

JUSTINE.

Essayez-le.

MATHURIN.

J'y vais.

JUSTINE.

Je vous laisse tomber le panier sur la tête.

MATHURIN.

Je voudrois voir cela. (*il la tire par son tablier.*) Descendras-tu ?

JUSTINE, *descendant.*

Je tombe ! je tombe !

MATHURIN, *la recevant doucement.*

Vois quel malheur la désobéissance peut attirer. Si tu t'étois cassé la jambe ? hem ! (*il la prend par la main, et veut la conduire vers le banc.*)

JUSTINE, *se dégageant.*

Je ne veux pas m'asseoir.

MATHURIN.

Encore de l'humeur, Justine ; qui suis-je ?

JUSTINE.

Vous êtes mon cousin ; mais ce n'est pas une raison pour me suivre par-tout, m'agacer, me serrer la main... Aie, aïe ! vous me faites mal. A la fin je pourrois bien croire que la voisine a raison.

MATHURIN, *un peu surpris.*

La voisine ?

JUSTINE.

Elle ne vous aime pas, parce que vous n'avez pas voulu l'épouser lorsqu'elle étoit veuve ; mais cependant elle peut avoir raison.

MATHURIN.

Que dit-elle donc ?

SCÈNE II.

JUSTINE.

Elle me dit que je dois vous fuir; que vous avez de mauvais desseins; que vous m'aimez autant que votre femme; que c'est à cause de moi que vous tourmentez Bastien; qu'enfin vous voulez me séduire. Oh! je vous en prie, ne le faites pas: je vous en supplie, promettez-le moi. Ce seroit bien laid à vous de séduire une pauvre fille comme moi, sans qu'elle en sache rien.

MATHURIN, *à part.*

Oh! le vieux serpent. (*haut.*) La voisine est une mauvaise langue.

JUSTINE.

Mais elle peut avoir raison.

MATHURIN.

Elle me hait.

JUSTINE.

C'est vrai; mais...

MATHURIN.

Elle veut nous brouiller. Il est certain que j'ai de l'amitié pour toi; mais as-tu jamais vu un cousin être amoureux de sa cousine?

JUSTINE.

Oh, mon Dieu, non; il n'y en a pas un dans tout le village.

MATHURIN.

Tu vois bien que ce n'est que par haine pour moi, qu'elle te met de semblables idées dans la tête. Elle auroit dû penser que tu avois assez d'esprit pour t'en appercevoir.

JUSTINE.

C'est bien mal à elle de m'avoir crue si sotte.

MATHURIN.

Il faut toujours t'asseoir à côté de moi, pour lui montrer que tu as l'esprit bien fait. Viens...

JUSTINE *s'assied sur la brouette.*

Je suis bien ici.

MATHURIN.

Que tu es enfant !

JUSTINE.

Je ne veux pas m'asseoir à côté de vous.

MATHURIN, *se levant.*

Ta cousine te l'a-t-elle défendu ?

JUSTINE.

Non pas ma cousine...

MATHURIN, *feignant de la colère.*

Ah! c'est donc M. Bastien? Il lui sied bien de te défendre quelque chose, et de t'empêcher de t'asseoir auprès de moi, encore! Ah, coquin! tu me le paieras... Je veux... (*il s'empare tout à coup de la brouette, et la roule auprès du banc.*)

JUSTINE, *criant.*

Mon cousin ! mon cousin !

MATHURIN.

Reste là.

JUSTINE.

Vous me faites du chagrin.

MATHURIN.

Je t'en ferai bien davantage, si tu laisses encore Bastien te défendre quelque chose.

JUSTINE.

Il me permet tout, excepté cela.

MATHURIN.

Je te permets tout aussi, excepté de lui parler.

SCÈNE II.

JUSTINE.

Là !.... Et puis vous dites que vous avez de l'amitié pour moi.

MATHURIN, *s'approchant.*

Oui, j'en ai beaucoup, beaucoup.

JUSTINE.

Et vous voulez me priver du seul plaisir que j'aie. (*elle se leve.*)

MATHURIN *la suit.*

Vois comme tu es injuste. N'es-tu pas bien aise lorsque je cause avec toi, comme avec ma fille ? lorsque je te prends doucement la main; ainsi ?

JUSTINE.

Oui, mais....

MATHURIN *la conduit vers le banc.*

Lorsque je te permets de t'asseoir à côté de moi ?

JUSTINE.

Je suis bien aise, mais....

MATHURIN, *feignant de la colère, et se promenant.*

Mais tu l'es davantage, lorsque M. Bastien est auprès de toi.

JUSTINE, *timide.*

Oui, mon cousin.

MATHURIN.

Et lorsque je passe auprès de vous, et que je fais semblant de ne pas vous appercevoir, tu es encore bien aise ?

JUSTINE.

Oui, mon cousin.

MATHURIN.

Le coquin ! je vais le chasser. (*il feint de sortir.*)

JUSTINE *le retient.*

Mon cousin ! mon cousin !

MATHURIN.

C'est un vaurien.

JUSTINE.

Ah ! ne dites pas cela.

MATHURIN.

Un paresseux, que je ne trouve jamais lorsque j'ai besoin de lui ; si je l'envoie au grenier, il va à la laiterie.

JUSTINE.

C'est qu'il vient m'aider.

MATHURIN.

Jamais il n'est à son ouvrage ; je veux le renvoyer.

JUSTINE.

Mon cousin, je vous en prie ; vous me feriez mourir de chagrin. Je ne lui parlerai plus, je ne me laisserai plus aimer par lui, je ne le regarderai plus ; mais ne le renvoyez pas.

MATHURIN.

Tu me promets tout cela ?

JUSTINE.

Oui.

MATHURIN.

Tu tiendras parole ?

JUSTINE.

Oui.

MATHURIN.

Tu ne lui parleras plus ?

JUSTINE.

Du tout.

MATHURIN.

Tu ne le regarderas plus ?

SCÈNE II.

JUSTINE.

Non.

MATHURIN.

Comment le regardes-tu ordinairement ?

JUSTINE.

Comment je le regarde ?

MATHURIN.

Oui ! regarde-moi de même.

JUSTINE.

Mais... mon cousin... vous, ce n'est pas lui, et je ne peux pas.

MATHURIN.

Ah ! tu ne peux pas ?... C'est bon ! (*il veut sortir.*)

JUSTINE, *l'arrêtant.*

Mon cousin !... eh bien, je... je... je ris. (*elle lui presse la main en souriant.*) Je fais comme cela.

MATHURIN, *s'approchant avec feu.*

Et puis ?

JUSTINE, *se dégageant.*

Et puis je le laisse là, pour aller à mon travail. (*elle prend un arrosoir.*)

MATHURIN.

Il court après toi ?

JUSTINE.

Non ! eh non !

MATHURIN.

Je l'ai vu, et craignant que tu ne tombes dans la fontaine, il te prend ainsi. (*il passe un bras autour de sa taille, quand elle se baisse pour puiser de l'eau.*)

JUSTINE, *se dégageant, et fuyant en lui versant de l'eau sur les jambes.*

Mais je fais toujours comme cela.

MATHURIN.

Puis il cueille une fleur et l'attache à ton corset. (*il va cueillir une rose.*)

JUSTINE.

Non, il me la donne, et je l'attache moi-même. (*elle le fait.*)

MATHURIN *veut l'embrasser.*

Ensuite il s'approche et te vole...

JUSTINE.

Il ne me vole rien, car je m'enfuis.

MATHURIN.

Il sait te ratraper et te conduire sur le banc. (*il le fait.*)

JUSTINE.

Non, Bastien ne fait pas comme cela.

MATHURIN.

Il ne te quitte point ; tandis que d'une main il t'arrête, de l'autre il lève la tête, et crac, il prend un baiser.

JUSTINE, *s'éloignant.*

Ah !

LA VOISINE, *fermant sa fenêtre.*

Quel scandale ! Ah ! c'est trop fort.

TOUS LES DEUX, *effrayés.*

La voisine !

JUSTINE, *avec dépit.*

Elle nous a vus ; elle le dira à ma cousine, à tous les voisins ; Bastien le saura aussi. Je passerai pour une fille sans sagesse ; je serai chassée. Méchant cousin ! c'est vous qui êtes cause de tout cela. (*elle jette sa fleur avec dépit, et sort en pleurant.*)

MATHURINE, *en dedans.*

Justine ! Justine !

SCÈNE II.

MATHURIN.

Ma femme !

MATHURINE.

Justine, où es-tu donc ?

MATHURIN.

La Vieille parlera... que faire ?

MATHURINE.

Apporte la corbeille.

MATHURIN.

Si je suis trahi, quel orage. (*la porte s'ouvre.*) La voici. (*il se cache.*)

SCÈNE III.

MATHURINE, *sortant de la chambre, et regardant de tous côtés.* MATHURIN, *caché.*

MATHURINE.

Je ne la vois point. Cette petite fille change bien ; elle reste par-tout où on l'envoie, et on ne la trouve jamais lorsqu'on la cherche... Le panier est encore vide !... Oh ! il faut en faire bientôt une fermière, ou elle deviendra comme j'étois lorsque mon mari me faisoit la cour... Allons, je vais faire cet ouvrage moi-même. (*elle prend le panier et monte à l'échelle.*)

MATHURIN.

Et moi je vais me montrer. Déjà levée, ma bonne amie, déjà à l'ouvrage ?

MATHURINE.

As-tu vu Justine ?

MATHURIN.

Du tout. Elle est sans doute à causer avec Bastien ; tu devrois la tenir plus sévèrement.

MATHURINE.

Pourquoi ? Il est aussi jeune, aussi aimable, et aussi amoureux que tu l'étois.

MATHURIN.

Mais un valet de ferme...

MATHURINE.

Pas d'orgueil, mon ami ; tu n'étois pas autre chose ; on peut aussi faire de lui un bon fermier.

MATHURIN.

Ainsi, tu serois disposée...

MATHURINE.

Oui, pour qu'ils ne meurent pas de chagrin.

MATHURIN.

Oh ! l'on ne meurt pas comme cela. (*il la tire par son tablier.*) Laisse donc ces cerises et descends ; nous allons arroser les fleurs.

MATHURINE.

Je le veux bien. (*elle descend.*)

MATHURIN.

Que je t'aide ! (*il la soutient.*)

MATHURINE.

Merci! (*elle prend un arrosoir, et va puiser de l'eau.*)
MATHURIN, *feignant de l'effroi, et la prenant par le milieu du corps.*

Ne t'avance donc pas autant.

MATHURINE, *souriant.*

Et toi, ne fais pas l'enfant ; je ne tomberai pas dans la fontaine. (*ils s'avancent vers les fleurs.*) Elles sont arrosées...Qui a cassé cette rose ?

SCÈNE III.

MATHURIN.

C'est sans doute M. Bastien, pour en faire cadeau à Justine ; il l'aura oubliée. Je puis bien être aussi galant que lui. (*il en cueille une, et la lui donne.*) Tiens.

MATHURINE.

Merci.

MATHURIN.

Veux-tu que je l'attache ?

MATHURINE.

Je l'attacherai bien moi-même.

MATHURIN.

La matinée est superbe ; viens donc t'asseoir un moment sur ce banc.

MATHURINE, *le suivant.*

Et mon ouvrage ?

MATHURIN.

Oh ! la journée est longue !... Ma bonne amie, je ne t'ai pas encore dit bonjour. (*il l'embrasse.*)

MATHURINE.

Ah ! ah ! tu es bien tendre ce matin.

MATHURIN.

Ne le suis-je pas toujours ?

MATHURINE.

Oui ; mais ce ton galant ne l'est pas si ordinaire que...

MATHURIN, *cherchant dans sa tête.*

Oh, ma bonne amie ! tu ne me rends pas justice ; j'ai toujours été galant.

MATHURINE.

Oui, tu as plus de politesse que la plupart de nos fermiers.

MATHURIN, *regardant la brouette.*

Ah! ah! à la ville j'étois renommé pour la politesse et la présence d'esprit sur-tout; oh! la présence d'esprit.

MATHURINE, *souriant.*

Il est vrai que tu as toujours réponse prête à tout.

MATHURIN.

Oh! c'est un bel avantage que d'avoir de la présence d'esprit! Il faut que je te raconte un trait dont cette brouette, qui est à côté de nous, me fait souvenir.

MATHURINE.

Je n'ai pas besoin d'exemple; je t'en crois sur parole.

MATHURIN.

Si fait, si fait, écoute. (*il cherche en racontant.*) Le fils d'un maître que je servois, étoit amoureux d'une jolie petite fille; mais elle n'étoit qu'une paysanne; tu conçois que les parents des deux côtés ne devoient rien savoir de cet amour; le jeune homme vient me trouver.

MATHURINE.

Le jeune homme étoit un libertin, sans doute, qui vouloit séduire cette petite fille.

MATHURIN.

Ecoute donc, écoute donc : tous les soirs j'allois à la ferme chercher le lait pour le porter au château. Je me servois, pour cela, d'une brouette, sur laquelle je posois les cruches, et je les couvrois avec une natte de paille, pour qu'il n'y tombât pas de poussière. Quelle idée me vint! Un soir je fis asseoir le jeune homme sur la brouette; je le cachai avec les nattes, et le conduisis dans le jardin de la ferme, où la jeune fille nous attendoit au fond d'un bosquet.

MATHURINE.

Et si l'on t'avoit rencontré?

SCÈNE III.

MATHURIN.

Voilà précisément ce qui m'arriva. Je marchois le long d'un canal qui bordoit le jardin, lorsque j'entendis quelqu'un qui s'approchoit ; je regardai par-dessus la haie, et j'apperçus le père qui venoit à moi.

MATHURINE.

Ah ! vous voilà pris.

MATHURIN.

Oh que non ! ma présence d'esprit ne m'abandonna pas ; je tournai ma brouette, et versai mon jeune homme dans le canal, d'où il gagna l'autre bord.

MATHURINE.

Cet expédient dut lui faire plaisir. Mais il n'eut que ce qu'il méritoit ; bien cahoté dans une brouette, bien mouillé dans le canal... Et que devint cette aventure ?

MATHURIN, *content d'avoir trouvé un prétexte.*

Ah ! je ne voulus plus m'en mêler ; mais tu dis, cahoté dans une brouette ; tu crois donc que c'est une voiture bien rude ?

MATHURINE.

Je ne la suppose pas très douce.

MATHURIN.

Eh bien ! tu te trompes. Tiens, je veux te le faire éprouver ; assieds-toi sur celle-là.

MATHURINE.

Non, ma foi !

MATHURIN.

Je t'en prie ; c'est pour te prouver...

MATHURINE.

Eh bien ! je te crois ; la voiture est très douce.

MATHURIN.

Non, tu n'en es pas persuadée. Viens donc... tu ne me refuseras pas cette petite complaisance.

2

MATHURINE.

Mais c'est un enfantillage.

MATHURIN.

Qu'importe. Assieds-toi, je t'en prie. Nous en avons fait bien d'autres....

MATHURINE.

Si l'on nous voyoit, on se moqueroit de nous.

MATHURIN.

Bon ! bon ! assieds-toi.

MATHURINE, *s'asseyant.*

Quelle fantaisie !... Tu ne me renverseras pas ?

MATHURIN.

Il n'y a pas de canal aux environs ; et puis nous n'avons pas un père à craindre. Vois-tu qu'on n'est pas mal ? Je veux te conduire jusque dans le jardin.

MATHURINE.

Tu vas me renverser.

MATHURIN.

Je n'en répondrois pas. (*il la conduit dans le jardin.*)

SCÈNE IV.

LA VOISINE, *entrant avec précaution.*

Oui, oui, il faut mettre fin à ce désordre, sans cela je ne pourrois plus me mettre à la fenêtre sans m'exposer à rougir. Ah, monsieur le fermier ! je suis trop vieille, j'ai de vilains yeux, je suis sourde !... Oh ! je vous prouverai que je ne suis point trop vieille pour deranger vos vilains projets, que mes yeux sont bons, et que si j'ai l'ouïe un peu dure, je saurai faire naître un tel bruit dans votre maison, que j'en entendrai quelque chose.

Voici Mathurin qui revient. Où me cacher ? (*elle examine autour d'elle, voit venir Mathurin et se cache.*)

SCÈNE V.

MATHURIN, LA VOISINE, *cachée*.

MATHURIN, *ramenant la brouette*.

Cela m'a réussi. (*regardant la fenêtre de la voisine.*) Ainsi, ma chère voisine, vieille sorcière, vrai trouble ménage, vous pourrez exercer votre méchanceté ; je ne vous crains plus. (*il sort par la porte de l'extérieur.*)

LA VOISINE.

Enfin, le voilà parti ! (*regardant vers le jardin.*) La pauvre femme ! elle travaille de toutes ses forces; et pour qui ? pour un vaurien qui cajole sa petite cousine. (*elle élève la voix.*) Bonjour, ma chère voisine.

MATHURINE.

Bonjour.

LA VOISINE.

Vous êtes donc toujours à l'ouvrage ? toujours ? toujours ?

SCÈNE VI.

MATHURINE, LA VOISINE.

MATHURINE. *Elle parle un peu haut.*

Il le faut bien, ma voisine ; ainsi que moi, vous avez un ménage, et vous savez qu'il y a toujours quelque chose à faire pour le tenir en ordre.

LA VOISINE.

Oui, oui, je sais cela.

MATHURINE.

Je ne serois pas sincère, cependant, si je me plaignois de la fatigue.

LA VOISINE.

De la fatigue?

MATHURINE.

Le travail me paroît léger, parce que mon mari le partage. Nous trouvons encore, matin et soir, quelques instants de loisir.

LA VOISINE.

Et Justine, qu'en faites-vous?

MATHURINE.

D'abord j'en étois assez contente; mais maintenant elle a quelque chose dans la tête.

LA VOISINE.

Oh! oui, oui.

MATHURINE.

Vous en êtes-vous apperçue?

LA VOISINE.

Il faut la veiller de près, ma voisine; il ne faut pas lui laisser les bras croisés, autrement il lui arrivera quelque malheur.

MATHURINE.

Oh! je ne crains rien, elle est sage; Bastien, d'ailleurs, est un honnête garçon, actif, laborieux.

LA VOISINE.

Que parlez-vous de Bastien?

MATHURINE.

Justine et lui s'aiment beaucoup.

LA VOISINE.

Je le sais, je le sais.

SCÈNE VI.

MATHURINE.

Mais mon mari n'en est pas satisfait.

LA VOISINE, *vivement.*

Que dit-il, votre mari?

MATHURINE, *plus haut.*

Il ne veut pas qu'ils s'aiment.

LA VOISINE.

Je le crois bien.

MATHURINE.

Il prétend que Justine peut trouver un parti plus riche.

LA VOISINE.

Plus riche? Je vous dis, moi, que Mathurin ne veut pas qu'elle se marie.

MATHURINE.

Vous vous trompez ; il a trop d'amitié pour elle.

LA VOISINE.

De l'amitié? oh, oui ! il en a beaucoup pour elle, beaucoup, beaucoup.

MATHURINE.

Vous m'étonnez. La manière dont vous me parlez, me fait croire que vous avez quelque secret...

LA VOISINE.

J'en sais un, en effet... que je n'aurois jamais soupçonné.

MATHURINE.

Seroit-il arrivé quelque malheur ?

LA VOISINE.

Un malheur !... oh, oui! et un bien grand pour une femme aussi honnête que vous.

MATHURINE.

Expliquez-vous.

LA VOISINE.

Un coup-d'œil, un seul coup-d'œil dans votre cœur, m'en a plus appris que je n'en voulois savoir; suivez mes conseils, et chassez-la promptement.

MATHURINE.

Qui ?

LA VOISINE.

Oui, et le plutôt vaudra le mieux.

MATHURINE.

Je ne vous comprends pas. De qui parlez-vous ?

LA VOISINE.

De Justine.

MATHURINE.

De Justine! Sans doute elle ne s'est pas oubliée?

LA VOISINE.

Ici, dans votre cour, devant mes yeux.

MATHURINE.

Impossible.

LA VOISINE.

Par hasard j'avois ouvert ma fenêtre pour m'assurer du temps quil faisoit ; j'allois la refermer, lorsque j'ai porté un regard, un seul regard dans votre cour, et je vis la chose la plus affreuse.

MATHURINE.

Quoi ! Bastien ?

LA VOISINE.

Justine étoit grimpée sur cette échelle, et cueilloit des cerises ; dessous étoit... qui ?... votre mari.

MATHURINE.

Mon mari ?

SCÈNE VI.

LA VOISINE.

Et il tiroit le tablier de la jolie cousine.

MATHURINE.

Il n'y a pas grand mal à cela.

LA VOISINE.

Oui, si cela en étoit resté là, on pourroit fermer les yeux; mais, attendez, attendez. Elle est descendue; il l'a reçue dans ses bras; ensuite ils ont causé là un moment; ensuite Justine a pris l'arrosoir pour puiser de l'eau; mais pour que la pauvre enfant ne tombât pas dans la fontaine, votre cher époux la prit ainsi dans ses bras.

MATHURINE, *riant*.

Eh, ma chère voisine! c'étoit moi!

LA VOISINE.

Vous? Pourquoi cette feinte?

MATHURINE.

Je ne feins point, c'étoit moi.

LA VOISINE.

Ainsi, ce fut encore vous qui vîntes, avec votre mari, auprès de ces fleurs?

MATHURINE.

Sans doute.

LA VOISINE.

Eh, mais! je vis encore clairement comme je vous vois, votre mari cueillir une rose, et la donner à Justine.

MATHURINE.

C'étoit à moi; la voici.

LA VOISINE.

Il seroit fort que vous voulussiez me persuader cela; croyez-vous que je n'y vois point?

MATHURINE.

Peu m'importe.

LA VOISINE, *avec humeur.*

Est-ce vous aussi qu'il a promenée sur cette brouette?

MATHURINE.

Sans doute?

LA VOISINE.

Vous?... j'enrage! (*la prenant par la main et la conduisant au banc.*) Vous êtes-vous aussi assise là?

MATHURINE.

Oui.

LA VOISINE.

Oui?... Ainsi, celle qu'il embrassoit?...

MATHURINE.

C'étoit moi.

LA VOISINE. (*elle reste un moment pétrifiée; puis elle éclate d'un rire moqueur.*)

MATHURINE.

Riez tant qu'il vous plaira; mais vous avez mal vu.

LA VOISINE.

Mal vu?

MATHURINE.

Ou bien vu...

LA VOISINE.

Oui, bien vu.

MATHURINE.

Que c'étoit moi.

LA VOISINE, *criant.*

C'étoit Justine.

MATHURINE.

Je sais que vous haïssez mon mari; parce qu'il n'a pas voulu vous épouser; et vous êtes fâchée de nous voir faire bon ménage.

SCÈNE VI.

LA VOISINE.

Fâchée ? moi ?... et...

MATHURINE.

Vous voudriez troubler la paix dans laquelle nous vions.

LA VOISINE.

Vous vous trompez beaucoup; mes vues...

MATHURINE.

Ne seront pas remplies ; et si quelqu'un de nous reste fâché, ce sera vous seule, de n'avoir point vu s'accomplir vos mauvais desseins.

LA VOISINE.

Vous me jugez mal. Ecoutez, je...

MATHURINE, *s'éloignant.*

Je ne veux rien entendre.

LA VOISINE.

Mais observez attentivement, et vous verrez...

MATHURINE.

Oui, je vais voir ce qui se passe à mon jardin. (*elle sort.*)

LA VOISINE.

Mais, ma voisine, écoutez donc!... mais!... Comment, c'est là mon remercîment ?... c'est ainsi qu'on me récompense?... N'est-ce donc pas là la cour, l'arbre, l'échelle? Ne connois-je plus Justine et Mathurin ? C'étoit elle !... elle veut excuser son mari... ou bien il y a du mystère là-dessous... Nous autres femmes, nous n'excusons pas nos époux sans raison. Je sais cela... Je ne comprends pas... Mais si... cela pouvoit être... oui... cela est certain... il n'y a plus de doute. (*frappant dans ses mains.*) Elle est amoureuse de Bastien... oui... oui... elle en est amoureuse... Ah! je suis bien aise de le savoir.

SCÈNE VII.

LA VOISINE, JUSTINE, *traversant avec un rouet à la main.*

LA VOISINE.

Petite! petite! n'allez pas si vîte; venez un peu auprès de moi.

JUSTINE, *craintive.*

Me voici : que me voulez-vous?

LA VOISINE.

Savez-vous ce que vous êtes?

JUSTINE.

Ah! une pauvre orpheline, qui...

LA VOISINE.

Vous êtes une petite effrontée, entendez-vous; je vous ai vue...

JUSTINE.

Est-ce ma faute, si mon cousin...

LA VOISINE.

Et savez-vous ce que je ferai?

JUSTINE.

Ce que vous voudrez, je ne puis pas vous en empêcher.

LA VOISINE.

Je vais chercher votre Bastien; il saura cette belle histoire; c'est un honnête garçon; il ne se moquera pas de moi, lui; et...

JUSTINE.

O chère voisine! bonne voisine! ne lui dites rien, je vous en prie, je vous en supplie. (*elle pleure.*)

SCÈNE VIII.

Les précédents, MATHURINE.

MATHURINE.

Quel bruit est-ce là ? Comment, ma voisine, vous êtes encore là ? Que dites-vous à cette petite ? Faites-moi donc la grace de laisser tranquille moi et les miens ; sortez, ou je vais appeler mon mari. Ne pleure pas, Justine, travaille, et ne réponds rien. (*elle sort.*) (*Justine se met à son rouet.*)

LA VOISINE.

Je sors, ma voisine, oui, je sors, et bien volontiers ; il me tarde d'être hors de cette maison de scandale ; je ferai murer ma fenêtre là-haut ; j'aime mieux être privée du jour, que de le partager avec des gens comme vous. (*à Justine.*) Continuez, Mademoiselle, continuez comme vous avez commencé ce matin ; pour moi, je vais apprendre cette aventure à tout le village, afin qu'on vous estime, ni plus, ni moins, autant que vous méritez de l'être. (*elle sort.*)

JUSTINE *se lève*.

Ma cousine ne me gronde pas ; elle me défend, et querelle la voisine, et cependant elle sait tout.

SCÈNE IX.

MATHURIN, JUSTINE.

JUSTINE.

Mon cousin ! mon cousin !

MATHURIN.

Qu'est-ce ?

JUSTINE.

La voisine...

MATHURIN.

Est-elle partie ?

JUSTINE.

Elle a tout conté à ma cousine ; mais ma cousine...

MATHURIN.

Ne t'a rien dit ?

JUSTINE.

Elle m'a défendue, au contraire.

MATHURIN.

Elle n'a pas grondé ?

JUSTINE.

Elle a menacé la voisine de vous appeler.

MATHURIN.

Il faut que, pour cette nouvelle, je te donne un baiser.

JUSTINE, *s'éloignant.*

Laissez-moi, vous causerez encore quelque malheur.

MATHURIN.

Ne sois pas si fière, car c'est à moi que tu dois de ne pas avoir été grondée.

JUSTINE.

A vous, et comment avez-vous donc fait ?

MATHURIN.

J'ai répété avec ma femme précisément la même scène que nous avons eue ensemble ; la voisine n'en a rien vu ; et lorsqu'elle est venue lui parler de la première, ma femme lui a affirmé que c'étoit à elle que tout cela étoit arrivé.

JUSTINE.

Ah ! vous avez pu...

MATHURIN.

Mais oui, mon enfant, il faut de la présence d'esprit dans la vie.

SCÈNE IX.

JUSTINE.

Eh mais !... il me vient une pensée.

MATHURIN.

Penses-tu aussi quelquefois ?

JUSTINE.

Une superbe pensée. La voisine m'a menacée de tout raconter à Bastien ; s'il apprend cela, il fera du bruit.

MATHURIN.

Je le lui conseillerois.

JUSTINE.

Ah ! il ne se laisse pas intimider. Il fera du bruit ; ma cousine prendra du soupçon...

MATHURIN.

Tu as raison... aussi je veux...

JUSTINE.

Non, il ne faut rien vouloir... Je ferai à Bastien comme vous avez fait avec ma cousine... après cela, on auroit beau lui dire tout ce qu'on voudroit, il n'en croiroit rien non plus.

MATHURIN.

Eh ! mais...

JUSTINE.

Vous voyez que j'ai quelquefois aussi de la présence d'esprit.

MATHURIN.

Ce moyen-là ne me plaît pas trop ; mais dans l'embarras où nous sommes...

JUSTINE.

Vous me le permettez ?...

MATHURIN.

Oui, à condition que tu ne laisseras prendre qu'un baiser.

JUSTINE.

Sans doute ; vous ne m'en avez donné qu'un, non plus.

MATHURIN.

Je l'entends, je crois ; je vais rester aux environs. (*à part.*) Lorsque cette aventure sera terminée, je me déferai de ce drôle-là. (*il sort.*)

JUSTINE, *au fond.*

Oui... il vient... Pourvu que la voisine ne l'ait point encore rencontré. Je ne crois pas, car il a l'air gai ; vîte, vîte au cerisier. (*elle monte à l'échelle.*)

SCÈNE X.

JUSTINE, BASTIEN *avec un gros paquet de fourrage sur l'épaule et une faucille à la main.*

BASTIEN.

Je me tourmente ; je travaille de toutes mes forces pendant l'ardeur du jour, et pour qui ? pour un homme sans pitié, qui ne me tient point compte de mes efforts, parce que j'aime sa cousine ; est-ce donc un si grand crime ? n'en a-t-il pas fait autant lorsqu'il étoit garçon ? Ne font-ils pas tous de même ? Je serois honteux, si je n'avois au moins un ruban que je pusse dire venir de mon amie. (*il dépose ses herbes et ôte son chapeau.*) J'en ai un, et je ne fais que comme les autres. (*Justine fredonne.*) Ah ! te voilà bien gaie, Justine. (*elle feint de ne pas l'entendre.*) Justine ! Justine ! (*elle continue. Il regarde autour de lui, et s'approche.*) Justine, entends-tu ? je suis là. Justine ! réponds-moi donc. (*elle continue.*) Ne me tourmente pas. (*il la tire par son tablier.*) Justine, regarde-moi donc.

SCÈNE X.

JUSTINE.

Que faut-il que je fasse ?

BASTIEN.

Quelle question ! Ordinairement, lorsque je t'appelle, tu sais bien ce que tu dois faire.

JUSTINE.

Plus à présent.

BASTIEN.

Tu ne veux plus m'écouter quand je t'appelle ? (*Justine fredonne.*) Tu ne veux plus me regarder, tu ne veux plus descendre auprès de moi ?

JUSTINE.

Oui, je descends; mais pour te dire que tout est fini entre nous.

BASTIEN.

Fini ? entre nous ? ne me tourmente pas.

JUSTINE, *le repoussant.*

Restez à dix pas de moi, Monsieur (*elle prend l'arrosoir et va à la fontaine.*) Il n'y a presque pas d'eau dans cette fontaine; il faudroit avoir le bras d'une longueur.... (*elle feint de glisser.*) Ah ! ah !

BASTIEN *court auprès d'elle et la retient.*

Mon Dieu ! tu vas tomber.

JUSTINE.

J'en ai peur.

BASTIEN *la conduit vers le banc.*

Pourquoi m'as-tu fui ? J'aurois puisé pour toi. Assieds-toi, ma Justine ; le cœur te bat, je vais arroser.

JUSTINE.

C'est passé, laisse-moi faire.

BASTIEN, *la suivant.*

Je veux t'aider.

JUSTINE.

Et moi je ne le veux pas. (*elle arrose.*)

BASTIEN.

Tu ne m'as jamais traité aussi durement.

JUSTINE.

J'ai mes raisons.

BASTIEN.

C'est ton cousin, sans doute, qui en est cause?

JUSTINE.

Et quand cela seroit?

BASTIEN.

Tu ferois bien mieux de m'aimer que de te laisser tourner la tête par lui.

JUSTINE.

Oh! je n'ai pas la tête tournée.

BASTIEN.

Eh bien, moi, je l'aurai bientôt si tu continues; tu seras bien avancée, n'est-ce pas, lorsque tu m'auras fait perdre le peu d'esprit que tu m'as laissé.

JUSTINE.

Tu n'en as plus du tout, du tout; sans cela tu aurois sûrement déjà pensé à me cueillir une rose.

BASTIEN.

Ah! pardon, ma bonne petite Justine; mais aussi tu me tourmentes depuis mon arrivée.... Tiens, voilà la plus belle. (*il prend une fleur à son chapeau.*) et puis cette branche de réséda, ta fleur favorite, que j'ai cueillie pour toi, ce matin, dans la campagne.

SCÈNE X.

JUSTINE.

Ah ! vous avez pensé à moi ? c'est joli, et je m'en souviendrai.

BASTIEN.

Et tu me récompenseras ?

JUSTINE.

Fi ! que c'est vilain d'être intéressé !

BASTIEN.

Ah ! lorsqu'il s'agit d'un de tes baisers, je le suis.... je le suis.

JUSTINE.

Et moi, dans ce cas-là, je suis très avare.... Viens t'asseoir un moment sur ce banc. (*il y vient.*)

BASTIEN.

Si tu savois combien cette avarice nous fait de tort à tous deux. Un baiser, un seul baiser que tu me donnerois tous les matins, doubleroit notre courage pour toute la journée.

JUSTINE.

Tu crois ?

BASTIEN.

J'en suis certain ; fais-en l'épreuve.

JUSTINE.

Je le veux bien... mais qu'un seul baiser, Bastien ; un de plus pourroit nous perdre.

BASTIEN *l'embrasse.*

Maintenant, le jardinier de la cour n'est pas lui-même mon égal.

JUSTINE.

Reste comme tu es ; je t'aime mieux que si tu étois un grand seigneur.

BASTIEN.

Ah ! si j'étois un grand seigneur.

JUSTINE.

Tu me menerois peut-être dans de belles voitures ?

BASTIEN.

Dans un carrosse tout d'or.

JUSTINE.

Dans un carrosse tout d'or, dans de beaux traîneaux, nous aurions froid; et au fond toute cette dorure ne procure que du plaisir imaginaire. Lorsque c'est toi qui me conduis, toutes les voitures me semblent dorées, fussé-je assise sur cette brouette. (*elle s'y assied.*)

BASTIEN.

Cela te feroit-il plaisir ?

JUSTINE.

Oui, mais tu n'es pas assez fort pour cela.

BASTIEN.

Ah mon Dieu ! je te menerois les mains dans mes poches. (*il la roule autour du théâtre, et ils se sauvent en appercevant Mathurin et Mathurine.*)

SCÈNE XI.

MATHURIN, MATHURINE. *Ils viennent du jardin, et apportent un grand panier de légumes.*

MATHURINE.

N'EST-CE pas Justine qui sort ?

MATHURIN.

Non, c'est Bastien... Et tu crois de pareilles choses ?

SCÈNE XI.

MATHURINE.

Dieu m'en garde !

MATHURIN.

Cependant ces propos t'ont un peu inquiétée.

MATHURINE.

Comment veux-tu que je sois inquiète, parce que la voisine m'a raconté ce qui s'est passé entre nous ?

MATHURIN.

Mais son entêtement à soutenir que c'étoit Justine.

MATHURINE.

Que cela ne t'inquiète pas plus que moi.

MATHURIN.

Tu verras qu'on causera dans le village.

MATHURINE.

Que nous importe, puisque nous savons à quoi nous en tenir. D'ailleurs, il est un moyen de mettre fin à tout ce tracas. Il faut les marier ensemble.

MATHURIN.

Les marier !... Ah ! voilà comme vous êtes, vous autres femmes, lorsque vous pouvez vous mêler de mariage....

MATHURINE.

Tu nous connois mal ; nous aimons mieux les troubler que de les réunir ; témoin la voisine....

MATHURIN.

Mais, ma bonne amie, tu ne penses pas...

MATHURINE.

Je pense que si tu me refuses, je te jouerai le tour de croire que la voisine a eu de bons yeux.

MATHURIN.

Ah ! ah ! ah !

MATHURINE.

Il faut terminer cette affaire tout de suite. Je vais chercher Justine, ou plutôt Bastien; toi, appelle la petite ; la nouvelle lui fera d'autant plus de plaisir, de ta bouche, que tu lui as souvent défendu de parler à son amant.

MATHURIN.

Oh! on les trouvera sûrement ensemble.

MATHURINE.

Tant mieux ; tu auras le plaisir de leur apprendre cette bonne nouvelle, à tous deux à la fois. (*elle sort en courant.*)

MATHURIN.

Oui, oui, il faut que Justine nous quitte, je le sens; mais qu'elle nous quitte ainsi.... Ah! voilà encore la vieille sorcière, évitons sa présence (*il se sauve.*)

SCÈNE XII.

JUSTINE, BASTIEN, *amenant la voisine.*

BASTIEN.

Il n'y a pas à reculer ; il faut absolument que vous me suiviez.

LA VOISINE.

Non! je ne veux plus mettre les pieds dans cette maison déshonorée.

JUSTINE.

Si elle l'est, c'est par votre méchanceté.

BASTIEN.

Oui, mais cette méchanceté ne restera pas impunie.

LA VOISINE.

Méchanceté! méchanceté! n'ai-je donc point dit la vérité?

SCÈNE XII.
BASTIEN.
Il faut la prouver; pourquoi insultez-vous ma Justine?
LA VOISINE.
Parce que c'est une petite effrontée qui te trompe.
JUSTINE, *pleurant.*
Et tu souffres cela, Bastien?
BASTIEN.
Ne pleure donc pas?... Et pourquoi est-elle une effrontée?
LA VOISINE.
Parce qu'elle jouoit avec son cousin, ici, dans cette cour; parce qu'elle l'agaçoit; parce qu'elle....
JUSTINE.
Ce n'est pas vrai.
LA VOISINE.
Vois-tu comme elle sait mentir.
BASTIEN.
Reste tranquille, Justine; qui dit cela?
LA VOISINE.
Moi, qui, de là-haut, de ma fenêtre, l'ai vue monter à cet arbre; puis Mathurin est venu la tirer par son tablier, pour la faire descendre.
JUSTINE.
C'étoit Bastien. Je faisois comme si je ne l'entendois pas, parce que j'étois fâchée.
BASTIEN, *avec bonhomie.*
C'étoit moi.
LA VOISINE.
C'étoit Mathurin. Elle est descendue, et s'est laissé prendre tendrement à bras le corps, tandis qu'elle se penchoit en feignant de puiser de l'eau.
JUSTINE et BASTIEN.
C'est lui qui m'a retenue. — C'étoit moi.

LA VOISINE.

Vois, vois comme elle rougit; c'est sa conscience qui la trahit.

JUSTINE.

Je rougis, parce que vous me donnez de la colère.

BASTIEN.

Oui, oui, vous lui donnez de la colère, vieille méchante; falloit-il que je la laissasse tomber?

LA VOISINE.

Point de grossièreté; c'étoit Mathurin.

JUSTINE et BASTIEN.

C'étoit lui. — C'étoit moi.

LA VOISINE, *frappant du pied.*

Que le !..... attends, je vais faire finir ton éternel c'étoit moi ! (*elle le prend par la main.*) Vois-tu cette fleur? eh bien ! c'est Mathurin qui la lui a donnée dans le même moment.

BASTIEN.

C'est la rose que j'ai cueillie là, et le réséda que j'ai apporté des champs pour Justine.

JUSTINE.

Vois-tu ?

LA VOISINE.

Paix ! c'est toi qui....

BASTIEN.

Oui, oui, c'est moi qui lui ai apporté ce réséda sur mon chapeau.

LA VOISINE, *criant.*

C'est Mathurin, Mathurin, et qui l'a embrassée là.

BASTIEN, *embrassant Justine en riant.*

Comme cela, n'est-ce pas ? C'étoit moi.

SCÈNE XII.

JUSTINE.

Elle dira encore que c'est Mathurin (*ils rient tous deux.*) Elle est folle! elle est folle!

LA VOISINE, *en fureur*.

Oui, c'étoit Mathurin, Mathurin; et quand tout le village crieroit: C'étoit moi; je crierois encore plus haut: Mathurin! Mathurin!

SCÈNE XIII.

Les précédents, MATHURIN, MATHURINE.

MATHURINE.

Quel vacarme est-ce donc là?

LA VOISINE.

Vous venez à propos (*à Mathurin.*) et vous aussi, chère voisine. Vous vous êtes fâchée tantôt contre moi; mais cela ne diminue pas mon amitié pour vous, et je dois vous avertir qu'on vous trompe.

MATHURIN, JUSTINE, BASTIEN.

C'est vous qui la trompez.

LA VOISINE.

Vous ne voulez pas me laisser parler; mais elle est raisonnable, et en lui prouvant ce que je lui dis, elle me croira.

MATHURIN, JUSTINE, BASTIEN.

Elle ment! elle ment!

MATHURINE.

Laissez-la donc parler.

LA VOISINE, *serrant fortement la main de Mathurine*.

Oui, je parlerai, je parlerai; ce coquin veut avoir aussi tiré le tablier de Justine.

MATHURINE.

Il en est bien capable.

LA VOISINE.

C'étoit votre mari !

MATHURINE.

Qui a tiré le mien.

LA VOISINE.

Mais ce drôle prétend aussi avoir retenu Justine sur le bord de la fontaine.

BASTIEN.

Ce n'est pas la première fois.

LA VOISINE.

De là-haut, de ma fenêtre, je l'ai vu cueillir une rose.

MATHURINE, JUSTINE, *ensemble*.

La voilà.

LA VOISINE.

C'est votre mari qui l'a cueillie pour Justine.

MATHURINE.

Non, pour moi.

BASTIEN.

C'est moi, c'est moi !

JUSTINE.

Pour moi ! Ma cousine n'a pas de réséda.

LA VOISINE.

Que l'enfer vous confonde. (*à Mathurine.*) Ils se sont embrassés.

MATHURINE.

Pourquoi n'embrasserois-je pas mon mari ?

LA VOISINE.

Eh! je ne m'embarrasse point de vos embrassades; mais ce beau Monsieur a embrassé aussi cette fille, et l'a conduite dans la brouette.

SCÈNE XIII.

MATHURINE.

Qui a été embrassée ?

LA VOISINE.

Cette petite fille !

BASTIEN.

Par moi.

LA VOISINE.

Non, par lui.

MATHURINE.

C'étoit moi, mon mari...

LA VOISINE, *amenant Justine par la main.*

C'est cette fille, et il l'a promenée sur cette brouette.

MATHURIN.

Eh ! aveugle que vous êtes ; c'est ma femme que j'ai promenée.

BASTIEN, *lui parlant sous le nez.*

Elle est aveugle ! elle est aveugle !

MATHURINE, *de même.*

Et vieille !

JUSTINE, *de même.*

Et sourde !

MATHURINE.

Et méchante !

LA VOISINE, *voulant toujours parler.*

N'est-ce pas là ma fenêtre ?

MATHURIN.

Laissez-nous.

LA VOISINE.

N'est-ce pas là ?...

TOUS.

Allez-vous-en, allez-vous-en.

LA VOISINE.

Non, je ne m'en irai pas, et...

MATHURIN, *amenant la brouette.*

Ah! tu t'en iras...

BASTIEN et JUSTINE.

Oui, oui...

LA VOISINE, *se débattant.*

Comment, vous osez?... (*ils la mettent sur la brouette.*)

TOUS.

Oh! tu t'en iras! (*ils l'entraînent.*)

LA VOISINE.

Je m'en plaindrai au juge.

TOUS.

Tu t'en iras, tu t'en iras.

MATHURINE.

Quelle méchanceté!... Elle est cependant parvenue à faire battre mon cœur d'inquiétude. Oh! quoi qu'il en coûte, je veux en finir.

SCÈNE XIV.

MATHURIN, MATHURINE, BASTIEN et JUSTINE, *un peu en arrière.*

MATHURIN.

N'AVOIS-JE pas dit qu'elle y reviendroit encore?

MATHURINE.

Il n'y a, pour lui fermer la bouche, d'autre moyen que celui dont nous sommes convenus.

MATHURIN.

Oh, convenus! songe donc qu'elle va dire que tu n'as plus voulu souffrir Justine à la maison. (*Bastien et Justine s'approchent.*)

SCÈNE XIV.

MATHURINE.

Elle pourroit dire aussi que j'ai mes raisons pour fermer les yeux sur ta conduite ; ainsi, qu'ils sortent.

BASTIEN.

Qu'ils sortent ?

JUSTINE, *tremblante.*

Vous voulez nous renvoyer.

MATHURINE.

Oui, petite pomme de discorde.

JUSTINE, *à genoux.*

Ah, ma cousine ! ma chère cousine !

BASTIEN, *à genoux.*

Et moi aussi ?

MATHURIN.

Et toi aussi.

BASTIEN.

Bah... (*Mathurin riant.*) Ah ! vous riez...

MATHURINE, *à son mari.*

Tu ne voudrois pas me faire croire que la voisine a eu de bons yeux.

MATHURIN, *vivement.*

Eh bien ! qu'ils aillent...

MATHURINE.

Dans les bras l'un de l'autre. (*elle les relève et les unit.*) Vous êtes époux.

BASTIEN et JUSTINE.

Ah, Mathurine ! ma cousine !

LA VOISINE, *ouvrant sa fenêtre et criant.*

C'étoit Mathurin.

BASTIEN.

C'étoit le diable, et qui vous a chassée de cette maison, où vous ne rentrerez jamais.

MATHURINE, *de même.*

Voilà ce qu'on gagne à se mêler des affaires de ses voisins.

JUSTINE, *vîte et secrètement à Mathurin.*

Et voilà ce qu'on gagne à faire une faute ; il faut tout plein de gros mensonges pour la couvrir.

MATHURINE.

Songeons à la noce ; et quant à cette aventure...

MATHURIN.

Bon, bon, n'y pensons plus; aimons bien nos femmes, soyons doux, complaisants, et nous ne craindrons pas les sots propos de nos voisins.

FIN.

www.ingramcontent.com/pod-product-compliance
Lightning Source LLC
Chambersburg PA
CBHW060459050426
42451CB00009B/721